Elke Aryeequaye

Mein neues Leben nach meiner schweren Lebererkrankung und zwei Lebertransplantationen

Elke Aryeequaye

Mein neues Leben

nach meiner schweren Lebererkrankung und zwei Lebertransplantationen

Rediroma-Verlag

Bibliografische Information der Deutschen Nationalbibliothek:
Die Deutsche Nationalbibliothek verzeichnet diese Publikation in der Deutschen Nationalbibliografie; detaillierte bibliografische Daten sind im Internet über http://dnb.ddb.de abrufbar.

ISBN 978-3-96103-434-5

www.rediroma-verlag.de
19,95 Euro (D)

Inhaltsverzeichnis

Vorwort

Mein Name ist Elke Aryeequaye (geborene Peters) und ich bin 56 Jahre alt. Aufgewachsen bin ich in Rockershausen, das ist ein kleiner Vorort von Saarbrücken. Mit 21 Jahren bin ich wegen einer neuen Arbeit in einem Sekretariat nach Wiesbaden gezogen und lebe seitdem hier. Meinen Ehemann Lovelace (er kommt aus Ghana) habe ich in Wiesbaden kennengelernt. Wir sind schon seit 33 Jahren verheiratet und haben vier wunderbare Kinder (Vanessa, Jason, Jessica und John).

Meine Familie und ich sind sehr gläubig. Dieser starke Glaube an Gott, hat uns immer gestärkt und uns geholfen, auch mit schwierigen Situationen fertigzuwerden. Durch meine schwere Erkrankung wurde uns allen bewusst, dass das Leben sehr schnell enden kann. Doch der Glaube gab uns Hoffnung, dass alles gut werden wird.

Danksagung

Ich bedanke mich von ganzem Herzen bei allen lieben Menschen: meinem Ehemann Lovelace und meinen Kindern Vanessa, Jason, Jessica und John, meinen Geschwistern Roland, Monika, Christiane und Heidi, meiner Schwägerin Petra und meinen Schwagern Richard, Dieter und Sascha, meinen Verwandten, meinen Freunden, ganz besonders Elaine und Heike, der Zetahir Church (Accra / Ghana), meinen Krankenpfleger/-innen der Uniklinik Mainz, von der Station 5 b (Gebäude 605), der Intensivstation (Gebäude 505), der Station 6 b (Gebäude 505) und der Station 5 f (Gebäude 605), die mir während meiner Krankheit, meinen zwei Transplantationen und auch in der Zeit danach beigestanden haben, mit mir gelacht und geweint haben, sich um mich kümmerten, mich pflegten, mich aufgemuntert haben, mir zugehört haben oder an mich gedacht haben. Vielen, vielen Dank.

Ganz besonders bedanke ich mich bei meinen guten Ärzten:

Herrn Dr. Stefan Heinrich, dass er mich bei meiner ersten Transplantation, obwohl ich ein Organ- und Kreislaufversagen hatte, gerettet hat.

Herrn Dr. Jens Mittler, dass er mich, obwohl ich schon sehr schwach war, durch die zweite Transplantation brachte und mir somit ein neues Leben schenkte. Für seine sehr gute Betreuung vor, während und nach der Transplantation. Er war immer für mich da.

Frau Dr. Gertrud Greif-Higer, dass sie mir in meiner schweren Zeit nach den Transplantationen geholfen hat, mein Erlebtes zu verarbeiten und mein neues Leben wieder in den Griff zu bekommen. Auch für die Geduld, Zeit und Fürsorge. Sie war immer für mich da und wurde zu meiner Vertrauensärztin.

Ihr seid alle wundervolle Menschen. Ihr habt mir mein Leben wiedergeschenkt. So etwas Wundervolles kann ich nicht in Worte fassen.
Ich werde euch allen auf ewig dankbar sein. D A N K E.

Ich danke Gott so sehr, dass er meine Gebete erhört hat und mich zu euch brachte. Ihr alle wart für mich da, habt mir zugehört, meine Ängste mit mir geteilt und mich beschützt. Ich danke Gott, dass er mir so wundervolle Ärzte zur Seite stellte.

Meinem/er Spender/in bedarf mein größter Dank, denn ohne ihre Spenden, wäre ich heute nicht mehr am leben und könnte nicht mehr bei meinen vier Kindern, meinem Mann und meiner Familie sein. Von meinem ganzen Herzen sage ich DANKE.

Möge Gott euch alle beschützen und segnen.

Ich bin meinen Organspendern von ganzem Herzen für dieses große Geschenk des Lebens dankbar.

Ich darf leben
Danke, Danke, Danke

Menschen zu helfen, zu beraten und zu unterstützen ist seitdem ich gerettet wurde, meine Herzens- und Lebens-aufgabe

Ich bin für Euch da

Eure

1. Beginn meiner Lebererkrankung

Die ersten Anzeichen, dass etwas mit meiner Leber nicht stimmte, bekam ich 1989 mitgeteilt, nachdem ich von einem sechsmonatigen Auslandsaufenthalt aus Sierra Leone (Westafrika) nach Deutschland zurückkam. Ich bekam hohe Fieberschübe und musste mich ständig übergeben. Meine Mutter rief unseren Hausarzt an, der zu uns nach Hause kam. Er hat mich direkt ins Krankenhaus geschickt. Dort hat man bei mir Typhus, Gelbfieber, Kolpitis, WPW-Syndrom und erhöhte Leberwerte, die auf eine chronische NANN-Hepatitis schließen ließen, festgestellt. Alle Menschen, die mit mir in Berührung kamen, mussten vom Gesundheitsamt kontrolliert werden, um zu sehen, ob ich sie vielleicht mit Typhus angesteckt habe. Zum Glück war dies nicht der Fall. Im Krankenhaus stieg mein Fieber auf über 41° Celsius, dass ich glaubte, es nicht mehr aushalten zu können. Ich bekam Infusionen und Kühlakkus überall an meinen Körper gelegt und ständig Wadenwickel gemacht. Das Fieber ging erst nach zwei Wochen runter und nach einem Monat wurde ich von der Infektionsstation entlassen.

Im selben Jahr, im August, bin ich wegen einer neuen Arbeitsstelle von Saarbrücken nach Wiesbaden gezogen. Mein dortiger Hausarzt stellte im September bei einer Routine-Check-up-Untersuchung fest, dass ich eine Fettleber habe. Es wäre aber nicht schlimm, da ca. 80 bis 90% aller Menschen auch eine Fettleber hätten. Da ein paar andere Blutwerte auch sehr hoch waren, bekam ich eine Überweisung an einen Rheumatologen. Der stellte einen Hinweis auf Kollagenose, Sicca- sowie Sjögren-Syndrom fest. Medikamente bekam ich jedoch nicht. Mein Hausarzt wurde informiert, dass meine Blutwerte beobachtet werden müssen. Alle zwei Jahre, bei meinen Check-up-Untersuchungen, wurden immer wieder die erhöhten Leberwerte gesehen, aber diese wurden immer auf eine Autoimmunkrankheit geschoben. Mein Hausarzt sagte mir immer, dass ich mir keine Sorgen machen müsste.

2011 waren die Leberwerte bei der Routineuntersuchung so hoch, dass mich meine Ärztin zu einem Leberspezialisten überwies. Nach einer Leberbiopsie im selben Jahr stellte sich heraus, dass ich eine leichte Fettleberhepatitis mit beginnender Fibrose habe. Es gab aber keine Medikamente dagegen. Im gleichen Jahr hat mein Rheumatologe nochmals bestätigt, dass ich das Sjögren-Syndrom mit Sicca-Symptomatik sowie Cholezystolithiasis habe. Bei dem Leberspezialisten und dem Rheumatologen musste ich von nun an zweimal im Jahr zur Blutabgabe und Ultraschall.

Im April 2015 hatte ich einen Bandscheibenvorfall. Ich versuchte die Schmerzen zunächst mit Medikamenten zu lindern.

Als im Mai 2015 mein Chef uns Mitarbeitern verkündete, dass die Firma von Wiesbaden nach Neu-Isenburg umziehen und die gesamte Belegschaft bis Ende des Jahres entlassen wird, bekam ich Angst, dass ich aufgrund der langen Fahrt nach Neu-Isenburg hin und zurück sowie meiner 30–Stunde-Woche nicht mehr genug Zeit für meine Kinder vor und nach der Arbeit habe. Ich machte mir auch Sorgen, dass man mich nach der Kündigung wegen meines Alters meiner Krankheiten und den Kindern nicht mehr einstellen würde. Ich bekam so eine Panik, dass ich am nächsten Tag einen Ausschlag über den ganzen Körper hatte. Ganz besonders das Gesicht war komplett zugeschwollen. Sonntags ging ich direkt in die Notambulanz der Klinik und bekam sofort Cortison gespritzt. Die Schwellung ging aber nicht zurück. Montags war ich wieder bei meinem Arzt, der mich erst einmal für den Tag krankschrieb. Am nächsten Tag war es so schlimm, dass ich ins Krankenhaus eingewiesen wurde. Ich bekam dort 1 x tgl. 20 mg Prednisolon (Cortison), 2 x tgl. 100 mg Itraconazol, 2 x tgl. 100 mg Doxycyclin, Dekristol, Folsäure, und verschiedene Cremes. Auf Itraconazol und Doxycyclin habe ich stark allergisch reagiert und es wurde abgesetzt. Ich bekam dann morgens und abends 10 mg Loratadin und 2 x 1 mg Tavegil. Bei den Blutuntersuchungen wurden wieder sehr hohe Leberwerte festgestellt und die Ärzte machten daraufhin einen Ultraschall. Bei dieser Untersuchung wurde Leberzirrhose diagnostiziert. Aber auch hier sagte der Arzt, dass es nicht so schlimm wäre, ich müsse mir keine Sorgen machen.

Während der Zeit im Krankenhaus verschlimmerte sich der Bandscheibenvorfall und mein rechtes Bein wurde etwas taub, sodass ich von der Hautklinik in die Chirurgie gebracht und am 19.06.2015 am LWK 4/5 links operiert wurde.

Nach meiner Bandscheiben-OP fing ab August 2015 die Therapie für die Leberzirrhose an. Mein Leberarzt hat mir Azathioprin und Cortison verschrieben. Ab dieser Zeit begann sich mein Körper rasch zu verändern. Ich bekam eine starke Müdigkeit, meine Aufnahmebereitschaft ließ schwer nach, ich hatte Wassereinlagerungen in den Beinen, Knöcheln und Füßen, sodass ich kaum noch laufen konnte. Meine Finger, mein Fußrücken und am Schienbein fing ich an zu krampfen. Ich bekam Dreh- und Lagerungsschwindel linksseitig. Auch bekam ich drei Analvenenthrombosen, die aufplatzten und die ich ambulant entfernt bekommen habe. Das war ganz schlimm.

Im Dezember 2015 wurde ein Termin in der Leberambulanz der Uniklinik Mainz für Ende Januar 2016 ausgemacht. Doch leider waren bereits Anfang Januar 2016 mein Gesicht und meine Augen ganz gelb und zugeschwollen. Die Augen konnte ich kaum noch öffnen. Mein Leberarzt hat dann Azathioprin direkt abgesetzt, da es bei mir eine allergische Reaktion ausgelöst hat. Bis zu meinem Termin in der Uniklinik nahm ich nur noch Cortison ein. Als ich mich in der Uniklinik Mainz vorstellte, gab mir der zuständige Arzt zu dem Cortison noch Cellcept und Entwässerungstabletten. Zum Glück ging die Schwellung im Gesicht dadurch zurück.

Vom 04. bis zum 05.02.2016 kam ich stationär in die Uniklinik Mainz zur Laparoskopie, um meiner Leber verschiedene Proben zu entnehmen und vom 02. bis zum 10.03.2016 musste ich zu den Evaluationsuntersuchungen. Da wurde ich noch an den Lungen genauer angeschaut, weiterhin wurde mein Herz mit Ultraschall beim Fahrradfahren und Langzeit-EKG untersucht, ich war beim Gynäkologen, es wurde eine Mammographie gemacht, der Zahnarzt hatte meine Zähne kontrolliert, beim HNO-Arzt wurde geschaut, ob mit meiner Haut alles in Ordnung ist, ich hatte eine Magen- und Darmspiegelung, ein Gespräch mit einem Transplantationschirurgen und einem Anästhesisten. Sie erklärten mir die Warteliste und die OP der Lebertransplantation. Mit Frau Dr. Greif-Higer (Psychotherapeutin) hatte ich ein Gespräch und wurde nach meinen Eltern, Geschwistern und nach meinem Familienleben befragt. Nachdem bei mir alle Untersuchungen abgeschlossen waren, fand eine Konferenz der Ärzte statt, in der entschieden wurde, dass ich nun auf die Warteliste gesetzt werde.

Vom 29.07. bis zum 08.08.2016 war ich erneut stationär, da ich vermehrt Wassereinlagerungen hatte und Oberbauchschmerzen. Die kamen von meinen Gallensteinen. Es wurde überlegt, ein ERCP (das ist ein endoskopisches Verfahren zur Darstellung und Untersuchung der Gallenwege, Gallengänge und der Bauchspeicheldrüsengänge) zu machen, die jedoch immer wieder verschoben wurde. Als ich auch Fieber bekam, versuchte man erstmals mit Antibiotika, die Entzündung in den Griff zu bekommen. Auch hatte ich Nierenfunktionseinschränkungen. Obwohl ich Flüssigkeit zu mir nahm, konnte ich meine Blase nur tropfweise entleeren. Trotzdem wurde ich am 08.08.2016 nach Hause entlassen.

Am 18.08.2016 ging es mir so schlecht, dass mich meine Tochter Vanessa morgens zu meinem Hausarzt begleitete. Ich war voll mit Wasser und konnte dadurch kaum laufen. Das viele Wasser hatte so auf die Lungen gedrückt, dass ich Luftnot bekam. Kleinste Anstrengungen führten zu Atemproblemen. Meine Haut war ganz gelb geworden und spannte so sehr. Ich glaubte, dass sie jederzeit aufplatzen könnte. Mein Hausarzt hat mich sofort wieder zur Kontrolle in die Transplantationsambulanz eingewiesen. Meine Schwägerin Petra fuhr mich nach Mainz und eine Mitarbeiterin aus der Ambulanz brachte mir, nachdem sie mich sah, sofort einen Rollstuhl in den Wartebereich. Ich konnte ihn in eine Liegeposition einstellen, damit ich meine Beine, die so dick von den Wassereinlagerungen waren, hochlegen konnte. Ein Arzt sah mich, als ich im Wartebereich lag. Er kam zu mir und ich sagte ihm, dass es mir gar nicht gut ging. Meine Blutwerte waren auch gar nicht gut und der Arzt, der mich an diesem Tag betreute, nahm mich direkt stationär auf. Auf der Station wurde mir direkt ein Katheter angelegt und ich bekam eine Infusion, die den Nieren helfen sollte, Urin auszuscheiden. Meine Flüssigkeitszufuhr wurde überwacht, da ich nicht mehr als 1,5 l Flüssigkeit pro Tag zu mir nehmen durfte. Trotz all den Bemühungen nahm ich immer mehr zu. Ich konnte mich nur noch mit dem Rollator langsam fortbewegen. Das Essen fiel mir auch schwer, da jede Kleinigkeit, die ich zu mir nahm, dazu führte, dass meine Haut noch mehr spannte. Ich dachte, dass ich in diesem Zustand nicht mehr lange leben würde. Meine Familie kam jeden Tag zu Besuch und versuchte mich abzulenken. Für mich war jede Minute mit ihnen sehr wertvoll, da ich dachte, es nicht mehr lange zu schaffen. Es kam sogar so weit, dass ich mich nicht mehr ohne Rollator im Gang bzw. Rollstuhl fortbewegen konnte.

Am 23.08.2016 kamen ein Chirurg, Frau Dr. Greif-Higer und ein weiterer Arzt zu mir ans Krankenbett, weckten mich und fragten, ob ich schon einmal Operationen am Bauch hatte, und wenn ja, welche. Der Chirurg tastete meinen Bauch ab und sagte mir, dass es bald losgehen würde. Frau Dr. Greif-Higer nickte und lächelte mich beim Hinausgehen an. Ich war so glücklich, denn ich hatte das Gefühl, dass bald alles gut werden würde. Später kam auch noch ein Physiotherapeut vorbei und machte eine Lymphdrainage, damit das Wasser ein wenig aus den Beinen ging. Tröstend sagte er mir, dass ich immer nur lächeln solle, dann werde alles gut.

In der Nacht vom 23. auf den 24.08.2016 hatte ich stundenlang Blut erbrochen. Es lief aus der Nase und dem Mund und trieb mich zur Verzweiflung. Der Notarzt kam und nahm mir noch Blut ab, um zu sehen, woran es liegen könnte. Die Schwester kam immer wieder und brachte mir Kühlakkus, die ich mir ins Genick legen sollte. Ich war sehr erschöpft und versuchte im Sitzen einzuschlafen. Wenn ich nämlich den Kopf versuchte hinzulegen, lief das Blut wieder aus Mund und Nase. Am frühen Morgen hat die Blutung dann endlich nachgelassen. Später meinte der Arzt, dass es wahrscheinlich daran lag, dass meine Thrombozyten unter 40 waren, meine Blutgerinnung war auch sehr schlecht und dazu bekam ich dann auch noch eine Thrombose-Spritze.

Dann kam der Tag, an dem sich alles veränderte

Es war der 27.08.2016 (Jasons 17. Geburtstag) und mein MELD Score war 30. Die Kinder kamen nachmittags mit meiner Schwester Monika zu Besuch und ich konnte Jason gratulieren. Am Abend gegen 18:00 Uhr (ich saß gerade beim Abendessen) kam eine Pflegerin ins Zimmer und gab mir Bescheid, dass eine Leber für mich da wäre. Ich war kurz in einem Schockzustand – sehr glücklich, aber zugleich angsterfüllt. Ich rief meinen Mann und meine Schwester Monika an, die auf die Kinder zu Hause aufpasste. Ich wollte unbedingt noch einmal meine Kinder sehen und sie noch einmal in den Arm nehmen, da ich nicht wusste, ob ich die OP überleben würde. Meine Kinder und meine Schwester kamen gegen 21:00 Uhr. Wir drückten uns alle noch einmal und ich sagte allen, dass ich sie liebte. Dann machten wir noch ein letztes Foto und meine Schwester brachte die Kinder gegen 22:00 Uhr nach Hause.

Mein Abschied von meiner Schwester Monika

und von meinen vier Kindern

2. Meine 1. Transplantation am 28.08.2016

Operateur: Herr Dr. Heinrich

Mein Mann kam direkt von der Arbeit zu mir ins Krankenhaus. Eine Pflegerin vom Nachtdienst machte ein EKG, meine Lungen wurden geröntgt, ich bekam nochmal Blut abgenommen. Der Transplanteur Herr Dr. Heinrich kam vorbei und erklärte mir, dass er sich die neue Leber ganz genau anschauen und mich erst operieren werde, wenn diese gut ist. Kurz danach wurde ich mit meinem Bett von dem Gebäude 605 in das Gebäude 505, 6. Etage, geschoben. Ich bekam ein Einzelzimmer und konnte mich noch ein paar Stunden beruhigt hinlegen. Mein Mann blieb, während der ganzen Untersuchungen in der Nacht und bis ich runter zum OP in die 1. Etage gebracht wurde, bei mir. Dort verabschiedete ich mich dann von ihm.

Es war ca. 8:00 Uhr morgens. In der Nacht und während ich in den Vorraum geschoben wurde, war ich nur am Beten, dass Gott mich beschützen möge und dass er auf mich aufpassen solle. Ich hatte große Angst, blieb aber ruhig. Im Vorraum waren ganz viele Anästhesisten und Helfer. Jeder machte irgendetwas an mir. Ich sagte ihnen noch, dass ich immer so Probleme mit meinem Kreislauf habe, wenn ich aus der Narkose erwache und dass mir danach immer übel wird. Ein paar Gespräche unter den Ärzten habe ich noch gehört, dann war ich weg. Mein Mann wurde gegen 16:00 Uhr von Herrn Dr. Heinrich angerufen. Er teilte ihm mit, dass die OP gut verlaufen war. Meine ganze Familie war so glücklich.

Als ich wach wurde, war ich so froh, dass ich noch lebte. Ich hatte auch keine Schmerzen, aber irgendwie fühlte ich mich so heiß. Als mein Mann und meine Schwester Monika kamen, sagte ich ihnen das und sie nahmen einen nassen Waschlappen und versuchten mich damit zu kühlen. Ich fühlte, dass irgendetwas nicht in Ordnung war. Als plötzlich ein Arzt reinkam und meinen Mann und meine Schwester in einen Nebenraum zog, wusste ich gleich, dass etwas nicht stimmte. Ich bekam hohes Fieber und der Pfleger sagte, dass etwas nicht in Ordnung sei. Ich erfuhr später, dass der Arzt zu meinem Mann und meiner Schwester sagte, dass sie nochmal operieren müssen, da die Leber nicht funktionieren würde, der Kreislauf ohne die vielen hochdosierten Medikamente von alleine nicht mehr normal wird und dass sie diese Situation nicht für mehrere Tage aufrechterhalten können. Er sagte ihnen auch, dass ich sofort auf Platz 1 der Warteliste mit „High urgent" komme.

Ich hatte ein sehr ungutes Gefühl. Später kam der Arzt auch zu mir und sagte mir, dass die Leber nicht arbeite und dass ich jetzt ganz oben auf die Liste komme, damit ich die nächste Leber, die zu mir passt, bekomme.

Wie ich später durch einen Arzt erfahren habe, kann man ohne Leber einen, höchstens zwei Tage überleben.

Ich hatte Träume, in denen ich meine jetzige kaputte Leber (wie einen alten Schwamm) in einer Einbuchtung liegen sah. Wochen später erfuhr ich, dass ich schon während der ersten Transplantation hoch katecholaminpflichtig wurde. Ich hatte, als man das Blut wieder durch die neue Leber fließen lassen wollte, ein Multiorganversagen. Man konnte aber meinen Kreislauf wieder mit Adrenalin stabilisieren. Das wurde auch auf der Intensivstation beibehalten.

Am nächsten Tag kamen neben meinem Mann und Monika auch mein Bruder, meine jüngere Schwester und meine Schwägerin zu Besuch. Sie brachten sogar eine Kühlbox mit, um mir kühle Tücher auf die Stirn und Arme zu legen. Ich dachte, ich verglühe von innen. Die Tücher taten so gut. Ich bin sehr dankbar für alle, die für mich da waren.

Ich hatte ab dieser Zeit sehr viele schreckliche Albträume, in denen ich immer um mein Leben kämpfen musste. Ich wachte immer schweißgebadet und mit hohem Puls wieder auf. Ein Traum war von meiner Mutter. Ich habe geträumt. dass sie wollte, dass ich zu ihr komme. Ich antwortete immer wieder: „Nein, ich kann nicht mit dir gehen. Ich muss noch hierbleiben, wegen der Kinder.“ Das war mir ganz wichtig. Ich musste noch hierbleiben. Ich musste zu meinen Kindern und hörte zudem immer das Lied „Kommt ein Vogel geflogen“.

Die Verse, die ich hörte:
Kommt ein Vogel geflogen,
setzt sich nieder auf meinen Fuß,
hat ein Brieflein im Schnabel,
von der Mutter einen Gruß.

Die Verse, mit denen ich antwortete:
Lieber Vogel fliege weiter,
nimm ein Gruß mit und einen Kuss,
denn ich kann dich nicht begleiten,
da ich hierbleiben muss.

Während ich antwortete, habe ich die ganze Zeit an meine Kinder gedacht. Ich muss noch hier bei meinen Kindern bleiben. Das war ganz wichtig. Ich habe mich für das Leben entschieden, dennoch ist es sehr beruhigend zu wissen, dass jemand da ist, wenn man sterben wird. Da war ich auch froh.

In dieser Zeit hatte ich auch ganz viele Menschen um mich herum gesehen, die durchsichtig waren, sodass ich nur die Umrisse sehen konnte. Ich lag im Krankenbett auf der Intensivstation und die Menschen waren rund um mein Bett. Sie webten mit ihren Händen ein silbernes Netz um mich. Ich fühlte mich in ihrer Gegenwart geborgen und wusste, solange sie und das Netz da sind, wird mir nichts passieren. Ich werde von ihnen beschützt.

Sie erinnerten mich an 14 Engel aus einem gleichnamigen Lied.

Abends, wenn ich schlafen geh,

Vierzehn Engel um mich stehen:

Zwei zu meinen Häupten

Zwei zu meinen Füßen,

Zwei zu meiner Rechten,

Zwei zu meiner Linken,

Zweie, die mich decken,

Zweie, die mich wecken,

Zweie, die mich weisen,

ins himmlische Paradeisen.

Engelbert Humperdinck 1854 – 1921

Meine Schwester Monika und mein Mann Lovelace (Daddy) kamen am Abend nach meiner ersten Transplantation, um nach mir zu schauen. Mir ging es nicht gut. Leider fielen die Nieren komplett aus und ich musste an die Dialyse. Ich glühte innerlich. Ich wusste, dass etwas mit mir nicht stimmte. Daddy, Monika, Petra, Roland und Heidi kamen in dieser Zeit abwechselnd zu mir und blieben bis abends. Sie kühlten meinen Körper mit kalten Tüchern, brachten mir auch feuchte Stäbchen für meinen Mund. Ich war so glücklich, dass sie bei mir waren. Sie erzählten mir auch, dass überall für mich gebetet wird. Ich bin nicht allein und brauche keine Angst zu haben. Ich schaffe das.

Monika hatte eine Kerze aufgestellt mit Fotos von meinen Eltern und meiner Familie(damit ich beschützt werde).

Monika und Daddy sind abends nach der Transplantation zu mir gekommen

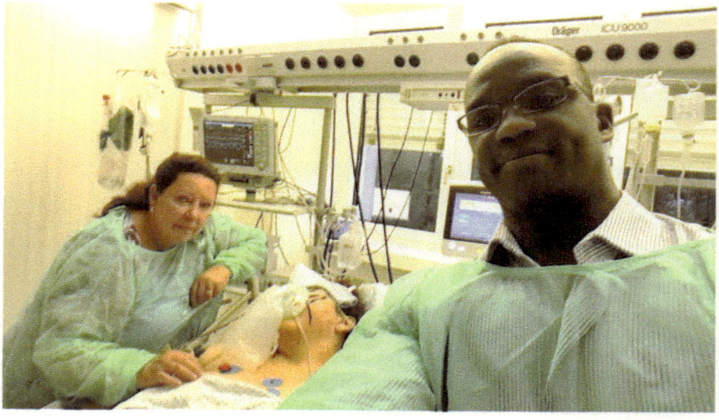

Mir ging es nicht gut

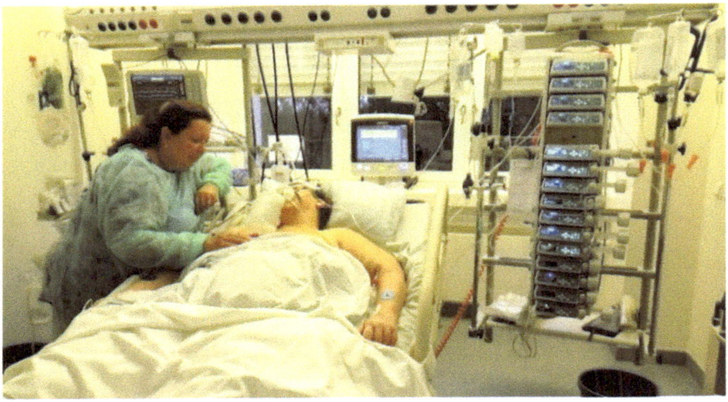

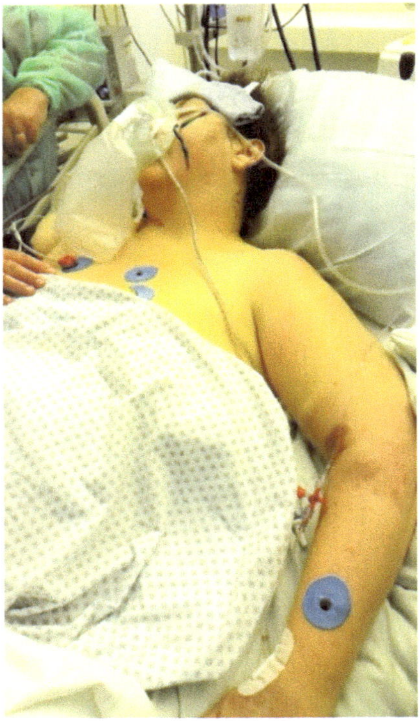

Mein Medikamententurm

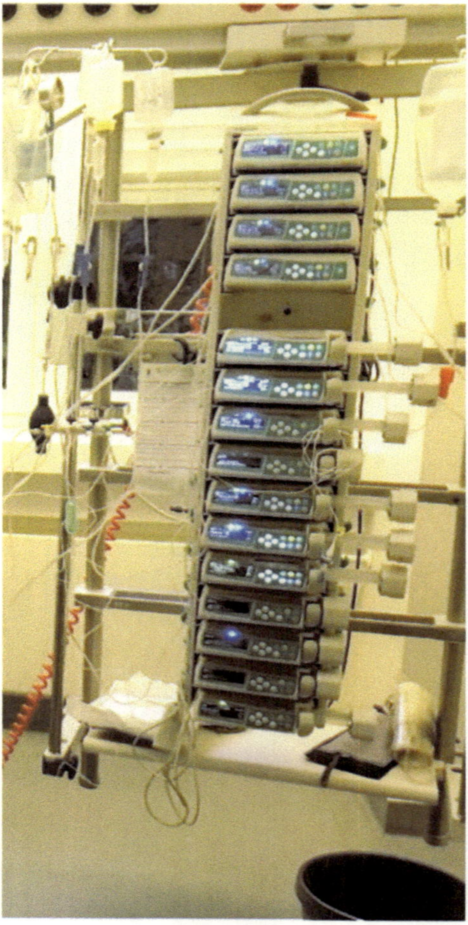

Mein Dialysegerät

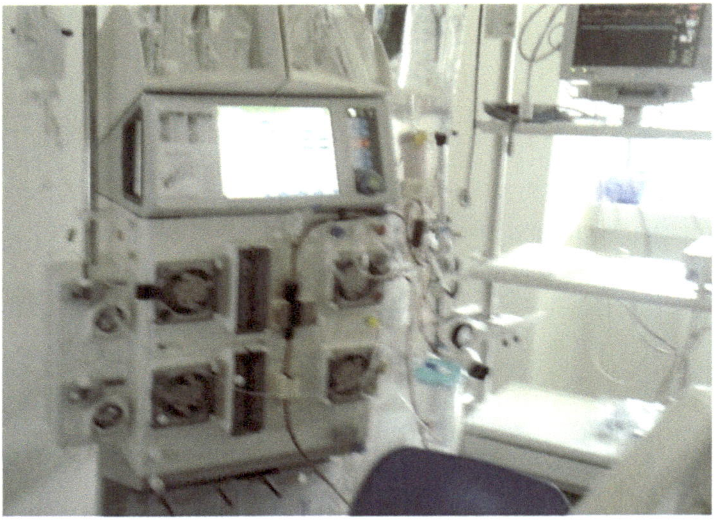

Am 30.08.2016, dem zweiten Tag nach der ersten Transplantation kam mittags, gegen 12:00 Uhr, die gute Nachricht von meinem Arzt Herrn Dr. Mittler, dass sie eine neue Leber gefunden haben und ich heute noch transplantiert werde.

Ich war so glücklich, dass ich noch eine Chance bekommen würde, weiterzuleben.

3. Meine zweite Transplantation am 30.08.2016

Operateur: Herr Dr. Mittler

Mein Mann war da und begleitete mich bis zum OP-Saal. Die OP fing gegen 15:00 Uhr an und gegen 21:00 Uhr wurde mein Mann von Herrn Dr. Mittler angerufen, dass alles gut gegangen sei. Die OP verlief nicht so lange, da die Zugänge schon alle gelegt waren. Nur hatte ich sehr viel Wasser angesammelt. Ganz besonders im Oberkörper. Herr Dr. Mittler musste mir eine Toraxdrainage legen, damit das Wasser abfließen konnte. Alles ging gut.

Als ich wach wurde, fühlte ich mich direkt viel besser, hatte keine Schmerzen und ich war so froh, dass ich auch die zweite Transplantation überlebt habe.

In den folgenden Tagen ging es mir jeden Tag etwas besser. Ab dem zweiten Tag nach der zweiten Transplantation kam täglich eine gute Physiotherapeutin zu mir. Ich war so froh, dass sie kam, denn ich war sehr kraftlos. Sie half mir wieder, mich richtig aufrecht zu setzen. Erst einmal an die Bettkante für ein paar Minuten, dann, nachdem das gut ging, half sie mir, mich neben das Bett hinzustellen. Als auch das klappte, half sie mir, mich auf einen Stuhl zu setzen, der neben dem Bett stand.

An einem Tag gingen meine Thrombozyten auf unter 6. Während dieser Zeit, durfte ich mich überhaupt nicht bewegen, da sonst plötzlich eine Blutung im Körper einsetzen könnte.

Am elften Tag nach der zweiten Transplantation sind die Nieren erst wieder angesprungen. Die Ärzte haben mich noch ein paar Tage beobachtet, bevor ich vom Dialysegerät abkam und danach durfte ich die Intensivstation endlich verlassen.

Während dieser ganzen Zeit haben mich Daddy, Monika, Petra, Roland, Christiane, Heidi, Dieter, Elaine, Vanessa und Freunde aus Petras Betkreis besucht und mir, als ich etwas essen und trinken durfte, auch Quark oder kühle Getränke mitgebracht. Vielen Dank, dass ihr alle für mich da wart. Herr Dr. Mittler hat auch sehr oft nach mir geschaut, um zu sehen, ob es mir gut geht. Morgens, mittags, nachmittags, abends, am Wochenende. Ich war ganz überwältigt, dass sich so viele Menschen um mich sorgten.

Leider hatte ich immer noch meine Albträume, die mich schweißgebadet aufwachen ließen. In den Träumen musste ich immer noch um mein Leben kämpfen. Die Pfleger sagten zu mir, dass sie Frau Dr. Greif-Higer informieren werden, damit ich mit ihr darüber sprechen kann. Ich hoffte darauf, dass sie mir vielleicht helfen könnte, mit dem Erlebten (die zwei Transplantationen, die Angst vor dem Sterben und die Albträume) besser fertig zu werden.

Nach der 2. Transplantation ging es mir viel besser

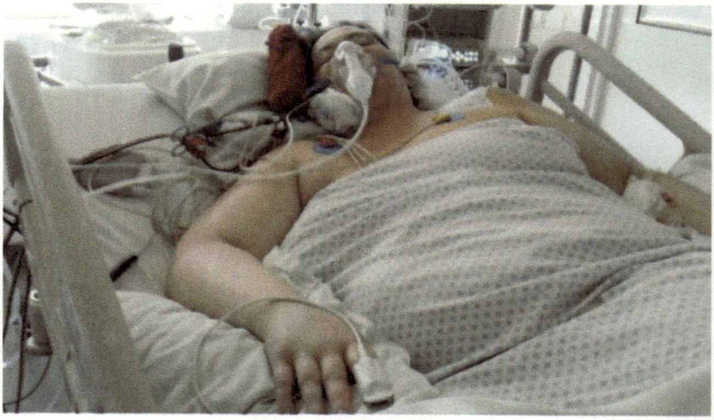

Monika kam mich sehr oft besuchen

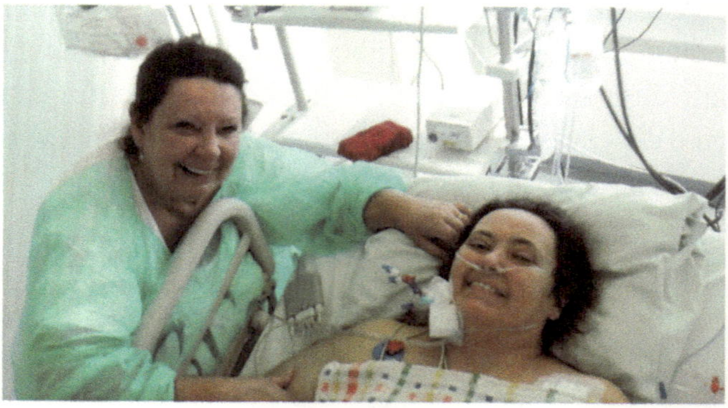

Petra war fast jeden Tag bei mir

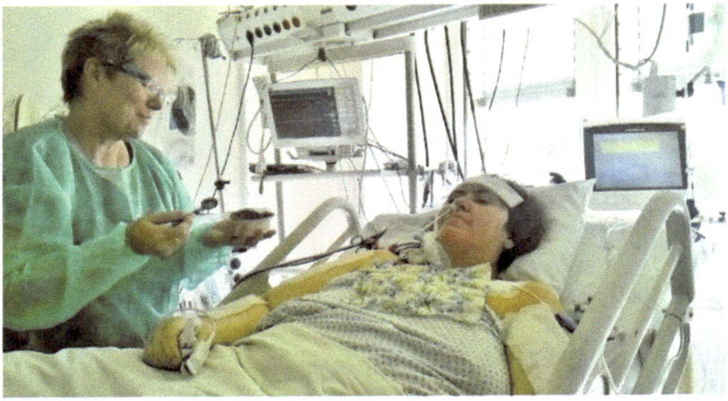

Roland kam mich besuchen

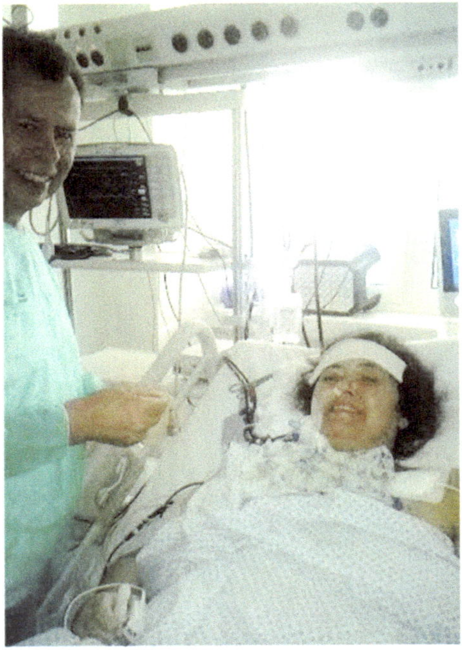

Christiane kam mich auch mit Dieter besuchen

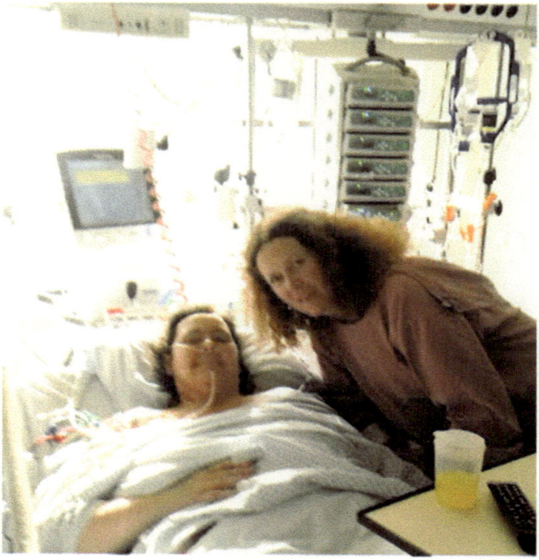

Hier sitze ich zum zweiten Mal an der Bettkante

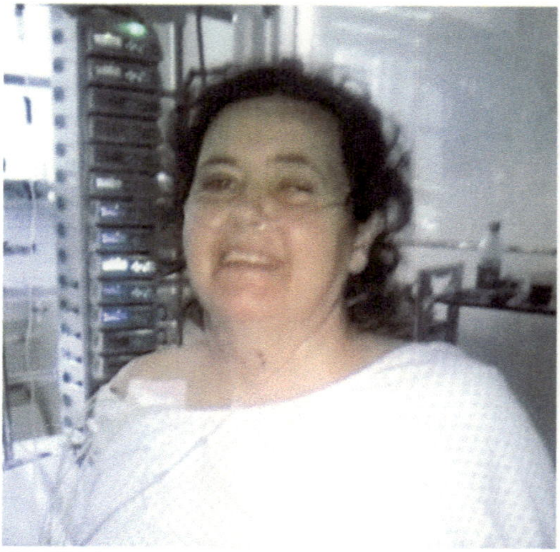

Vanessa kam mich auch zweimal auf der Intensivstation besuchen(ich war sehr glücklich)

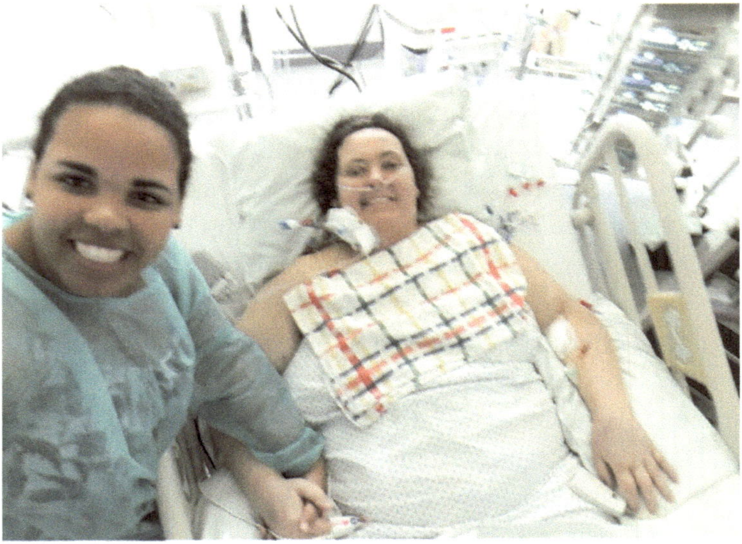

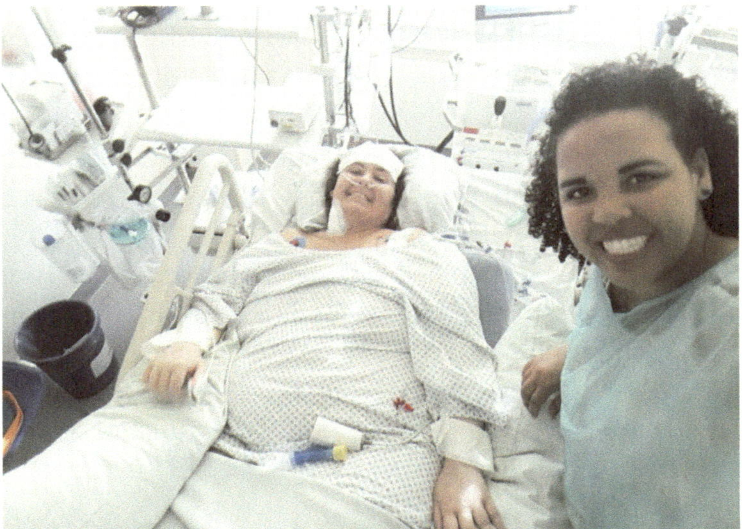

4. Auf der Normalstation

Ich kam am 08.09.2016 auf die Normalstation in die 6. Etage. Zunächst war ich im Wachraum. Da war ich nervlich noch nicht stabil. Mir ging der Wechsel von der Intensivstation weg, noch zum CT und dann auf die Normalstation zu schnell. Da musste ich viel weinen. Ein Arzt fragte mich, warum ich denn so viel weine. Da antwortete ich ihm, dass mir gerade alles zu viel ist. Zum Glück kam Frau Dr. Greif-Higer mich einmal im Wachraum besuchen. Ich hatte ihr von meinen Albträumen erzählt und sie konnte mich etwas beruhigen. Sie sagte mir am Schluss noch, dass sie mich wieder besuchen kommt und mich auch finden wird, egal in welchem Zimmer oder auf welcher Etage ich bin. Das hat mich auch wieder sehr beruhigt.

Im Wachzimmer hatte ich auch jeden Tag Besuch von meinen Lieben. Ich bin so dankbar, dass sie alle für mich da waren.

Die liebe Physiotherapeutin von der Intensivstation kam auch hier jeden Tag zu mir. Ich lernte wieder alleine sitzen, aufstehen und gehen. Es war nicht sehr einfach, aber ich zwang mich dazu, jeden Tag mit dem Rollator zu üben und mit der Therapeutin über den Gang zu laufen. Ich habe alles geschafft.

Nach vier Tagen kam ich auf ein Normalzimmer. Hier fing leider langsam eine Durchfallerkrankung an. Ich konnte nicht mehr alles essen. Es war sehr schwierig. Meine Familie machte sich langsam Sorgen. Doch gleich nachdem ich alleine aufstehen und mit dem Rollator gehen konnte, wurde ich übers Wochenende nach Hause zu meiner Familie entlassen.

Nach 4 Wochen, sah ich endlich meine Kinder wieder.

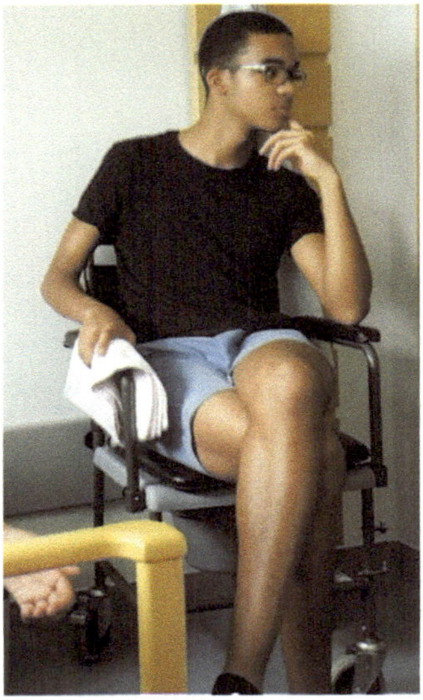

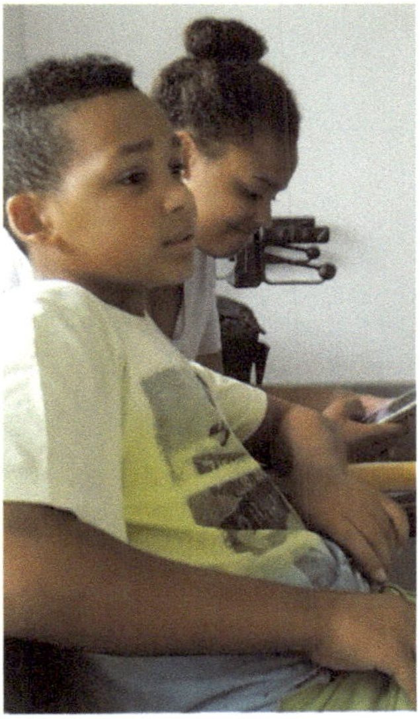

Jetzt ging es bergauf

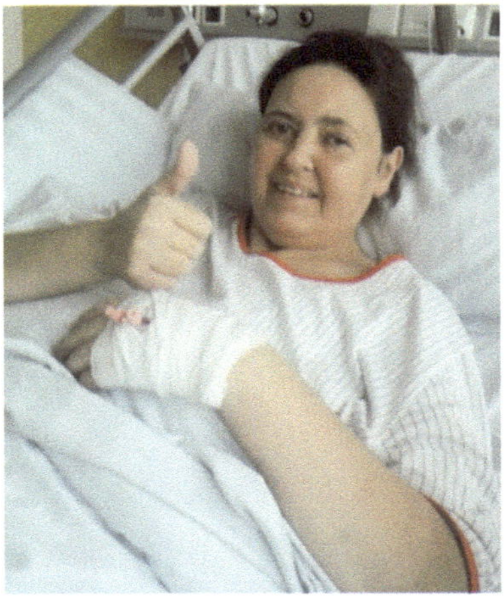

Sie erzählten mir, wie es ihnen geht

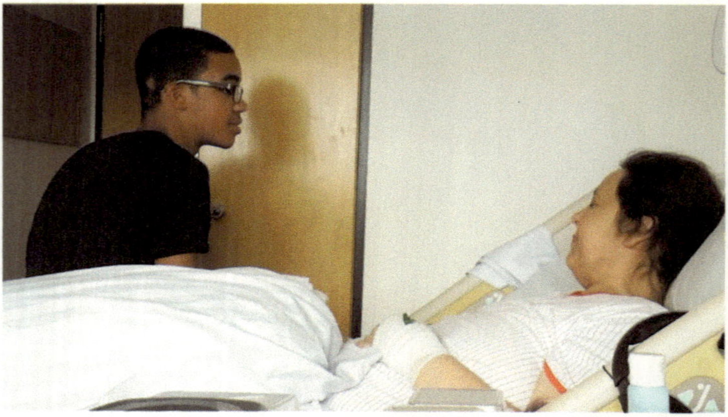

Meine Kinder geben mir Kraft

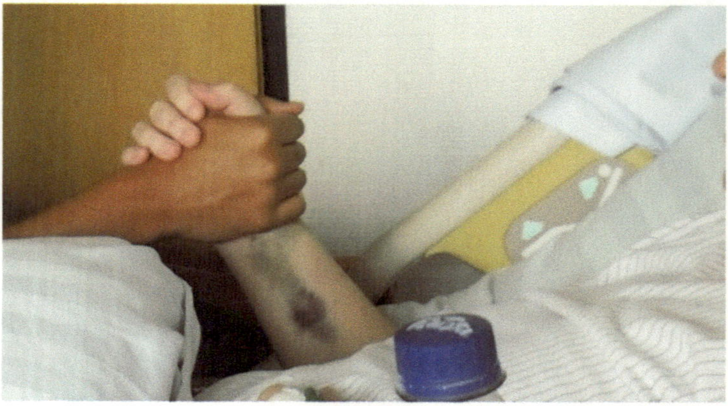

Hier bin ich bei meinen Gehversuchen im Flur.
Christiane und Dieter kamen mich besuchen.

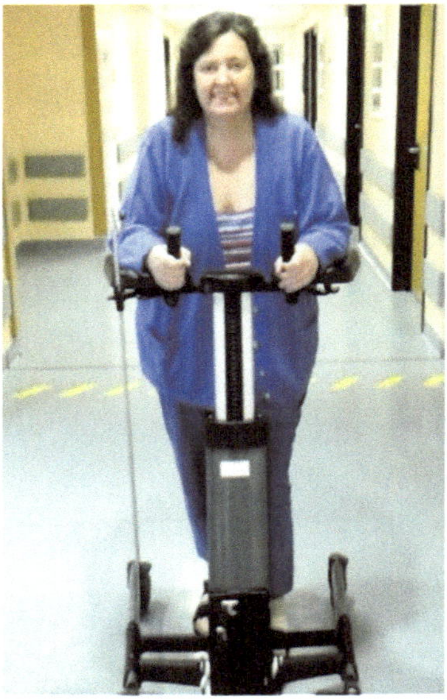

5. Auf der Infektionsstation

Als ich freitags nach Hause entlassen wurde, hatte ich immer noch Durchfall. Ich konnte auch nichts mehr essen und trinken. Ich musste mich ständig übergeben. Es blieb nichts in mir drin. Als Herr Dr. Mittler mich sonntags anrief, um zu erfahren, wie es mir geht, sagte ich ihm alles und er meinte, dass dies nicht normal sei und ich montags direkt wieder als Notfall ins Krankenhaus kommen soll.

Dort teilte man mir mit, dass ich mir leider irgendwo einen Keim und einen Speiseröhrenpilz zugezogen hatte und deshalb weder essen noch trinken könne. Ich musste mich schon bei einer kleinsten Menge im Mund übergeben und hatte nur Durchfall. Ich wurde auf die Isolierstation gelegt. Da war es nicht so schön, da mein Zimmer mit zwei geschlossenen Türen vom Flur getrennt war. Auch hier haben mich Daddy, Petra, Roland, Monika, Richard, Christiane, Dieter, Heidi, Elaine, Heike, Andreas, Vanessa und Freunde von Petras Betkreis besucht. Dort habe ich, da ich das Essen nicht bei mir behalten konnte, über 30 kg abgenommen – ca. 3 kg. jeden Tag. Ich fühlte mich sehr schwach und wurde jeden Tag gewogen. Meine ganze Familie war sehr besorgt.

Meine Beine wurden auch jeden Tag gewickelt, damit das Wasser aus ihnen hinausgeht. Nachdem Herr Dr. Mittler mir den letzten Schlauch aus dem Bauchraum gezogen hatte, durfte ich auch endlich duschen. Alleine schaffte ich es aber noch nicht. Ich war einfach zu schwach und mein Kreislauf machte nicht mit. Eine Pflegerin, meine Schwestern Monika und Christiane, die mich besuchen kamen, halfen mir. Da war ich sehr dankbar.

Nach zehn Tagen, haben endlich die Medikamente gewirkt. Das Essen blieb bei mir und der Durchfall ging langsam zurück. Nun ging es aufwärts. Ich konnte nun mit meinen Physiotherapeuten, die mich jeden Tag besuchten, auf dem Flur laufen üben. Nach ein paar Tagen habe ich auch mit ihnen versucht, Treppen hoch- und runter zu gehen. Erst konnte ich nur drei Stufen, dann sechs und zum Schluss konnte ich neun Stufen hoch und runtergehen. Die Therapeutin war immer an meiner Seite, da ich noch sehr schwankte und noch nicht so sicher war. Sie sagte zu mir, dass ich auch versuchen soll, alleine auf dem Flur oder auch nach unten zu gehen. Das habe ich dann auch probiert. Ganz langsam. Im Aufzug und auf dem langen Gang im Flur habe ich mich manchmal auf den Rollator gesetzt, um etwas auszuruhen. Ich habe es geschafft. Einmal bis runter zum Kiosk und wieder hoch. Danach war ich zwar kaputt, aber stolz. Dabei musste ich immer Mundschutz, Handschuhe und einen Kittel tragen.

Roland und ich

Petra und ich

Auf dem Weg zur Magen- und Darmspiegelung

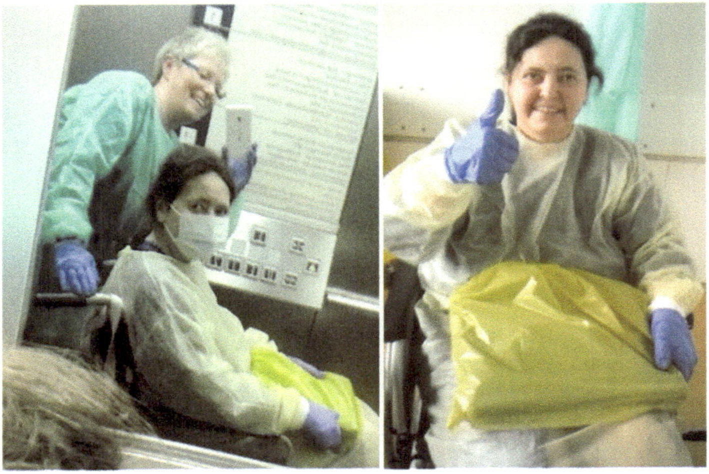

6. In der Reha

Am 13.10.2016 kam ich in die Reha nach Bad Hersfeld. Als ich dort ankam, wusste ich noch nicht, wie ich den Weg vom Auto bis hoch ins Zimmer schaffen sollte. Das war sehr weit für mich. Doch ich lernte jeden Tag etwas besser mit dem Rollator zu laufen. Ich fing an mit kleinen Runden auf dem Innenhof der Rehaklinik zu gehen. Erst eine, dann zwei. Jeden Tag versuchte ich eine mehr. Nach einer Woche versuchte ich vor die Rehaklinik auf dem Bürgersteig entlang bis zum Kurpark mit dem Rollator zu gehen, machte aber immer wieder Pausen. Da habe ich mich auf den Rollator gesetzt und mich kurz ausgeruht. Ab der dritten Woche ging ich mit dem Rollator bis zum Kurpark, eine Runde um den See und wieder zurück und ab Mitte der vierten Woche habe ich versucht, die Strecke ohne Rollator zu gehen. Langsam und nur in Begleitung. Es hat geklappt und viele Mitpatienten, die Ärzte und meine Familie waren sehr stolz auf mich.

In der vierwöchigen Reha habe ich langsam mit Krankengymnastik und Gerätetraining meine Muskeln wiederaufgebaut. Ab der vierten Woche bin ich in Begleitung Treppen hoch- und runtergegangen. Nach mehreren Versuchen wagte ich mich alleine zu den Treppen. Es hat gut geklappt. Ich zitterte zwar noch ein wenig, aber ich konnte eine Etage hoch- und runtergehen. Mein Mann und meine Kinder kamen mich auch in der Reha besuchen. Darüber habe ich mich sehr gefreut. Wir machten einen Ausflug in die Fußgängerzone und mein Mann kaufte mir neue Kleidung, da meine alte viel zu groß war. Ich hatte ja so viel an Gewicht verloren.

In den ersten beiden Wochen war ich viel alleine unterwegs, da ich noch nicht so gut laufen konnte. Dann aber ging es aufwärts und ich konnte mit ein paar lieben Freunden aus der Reha kleine Spaziergänge bis zum Kurpark machen. Da war ich sehr froh, dass ich nicht mehr alleine war. Wir gingen auch basteln, haben Taschen geknotet, Anhänger gemacht und auch ein schönes Holzbrett mit einem Schriftzug bemalt, wir gingen zu einem Violinkonzert ins Kurhaus und machten zum Abschluss, als ich ohne Rollator laufen konnte, einen Ausflug in die Fußgängerzone. Beim Frühstück, Mittagessen und Abendessen saßen wir auch ab der vierten Woche immer zusammen an einem Tisch. Am Anfang konnte ich dort noch nicht hin, da ich mit dem Rollator an einen anderen Tisch musste. Am Ende haben wir alle unsere Adressen ausgetauscht und haben uns versprochen, uns jedes Jahr einmal zu sehen.

7. Nach der Reha

Als ich aus der Reha nach Hause kam, war ich morgens oft alleine zu Hause, da meine Kinder in der Schule und mein Mann auf der Arbeit waren. Da kamen mir die Erinnerungen an die OPs wieder. Ganz besonders die Zeit dazwischen, als es mir so schlecht ging. Ich hatte wieder viele Albträume, die mich nachts schweißgebadet aufwachen ließen. Ich hatte wieder Verfolgungsträume (in denen man mich töten wollte), Verirrungsträume und auch Träume, in denen ich meine Eltern sah, die bereits verstorben waren (sie besuchten mich in den Träumen, um zu sehen, wie es mir geht. Sie umarmten mich und lächelten mich an). Auch träumte ich viel vom Krankenhaus, Wartezimmer, Untersuchungsraum, ich im Rollstuhl oder mit Rollator, von gefliestem Boden, gekachelten Wänden, Blut auf dem Boden und Organen in Tiefkühltruhen. Ich träumte auch von einem Baby, das ich im Arm hielt (es war nicht mein eigenes, aber mit meinen Augen). Ich musste mich um das Baby kümmern, es füttern, wickeln, tragen. Später sagte Frau Dr. Greif-Higer, dass das Baby vielleicht meine neue Leber ist, um die ich mich jetzt kümmern muss, wie um ein Baby. Mein Körper und meine Psyche waren noch nicht belastbar. Auch hatte mich der Alltag mit den familiären Pflichten wieder eingeholt und ich fühlte mich von allem überfordert. Beim kleinsten Wort, das mich an die schlimme Zeit erinnert hat, musste ich weinen.

Ab dem zweiten Monat nach der Transplantation hatte ich starken Haarausfall, war noch etwas wackelig auf den Beinen und fand mich gar nicht mehr so attraktiv (auch wegen der großen Narbe). Ich musste mich selbst erst wiederfinden. Meine Probleme waren auch, zu verstehen, dass ich so schwer krank war (ich dachte, dass ich nicht mehr lange leben würde), mein Abschied von den Kindern und meinem Mann (da ich nicht wusste, ob ich die OPs überstehe), das Geschenk, eine Transplantation bekommen zu haben und weiterleben zu dürfen und die Todesangst (da die erste Leber nicht arbeitete, bei mir dann auch noch die Nieren versagten und ich an die Dialyse kam). Auch, dass ich die zweite Transplantation überlebte, obwohl ich so schwach war. Der Tod des Spenders machte mich auch sehr traurig, da ich jetzt weiterleben darf und er oder sie sterben musste. Des Weiteren hatte ich Schwierigkeiten zu begreifen, dass ich nicht gleich wieder stehen, laufen und Treppen steigen konnte. Alles musste ich wieder lernen. Auch sich während dieser Zeit komplett in die Hände der Pflegerinnen und Pfleger zu geben. Sich fallen zu lassen und aufgefangen werden. All dies war für mich so viel zu verarbeiten und gleichzeitig war es für mich ein großes Wunder. Ich konnte und kann es auch heute noch schwer in Worten fassen, was all dies für mich bedeutet. Mein Leben wurde verlängert. Ich darf noch bei meinen Lieben bleiben. Habe zweimal die Chance bekommen, weiterzuleben. Das war nicht nur für mich eine schwere Zeit, sondern auch sehr belastend für meine Familie.

Nachdem meine Schwestern und auch mein Mann viel mit mir geredet und mir immer wieder gesagt haben, dass ich mit jemanden von der Uniklinik über meine Erlebnisse und Ängste reden soll, habe ich mich Frau Dr. Greif-Higer anvertraut. Sie hatte mir vor meinen Transplantationen gesagt, dass ich sie jederzeit, wenn ich Probleme habe, ansprechen könne. Sie hörte sich einen Teil meiner Probleme an und konnte mich schon etwas beruhigen. Am Ende des Gespräches schlug sie mir vor, dass ich zu ihr in die

Sprechstunde kommen kann, damit wir über alles reden können. Seit März 2016 bekam ich dann einmal im Monat einen Gesprächstermin. Sie half mir sehr über die schwierige Zeit hinweg und die schlimmen Träume wurden weniger. Ich konnte wieder besser schlafen und auch im Alltag bin ich besser belastbar geworden. Nun geht es langsam aufwärts. Ich bin ihr sehr dankbar, dass sie mir geholfen hat und mir auch heute noch zur Seite steht.

Ich habe mich auch einer Kontaktgruppe für Lebertransplantierte in Montabaur angeschlossen. Da hatte ich auch andere Transplantierte getroffen, die dasselbe erlebt hatten wie ich. Die Leiterin ist sogar schon seit 26 Jahren transplantiert. Wir treffen uns zwei- bis dreimal im Jahr. Auf die Treffen freue ich mich immer sehr.

20. Jubiläum meiner Selbsthilfegruppe der Lebertransplantierten vom Westerwaldkreis (die 1 bedeutet, dass ich ein Jahr transplantiert bin)

Darüber hinaus gehe ich immer zu den Patientencafés der Uniklinik Mainz, bei denen ich auch Transplantierte treffe, die mit mir über ihr Erlebtes reden. Wir können uns miteinander austauschen und man fühlt sich nicht so allein. Ich kann mich mit ihnen gut identifizieren und es tut mir gut, über alles reden zu können.

Am 13. September 2017 hatte ich meine erste Jahreskontrolluntersuchung. Da wurde eine Biopsie der Leber, eine Magenspiegelung und Ultraschall der Leber gemacht. Zudem gab es eine Blutuntersuchung. Alle Werte waren gut und ich bin jetzt voller Zuversicht, dass ich auch weiterhin alles schaffen werde.

Seit Sommer 2018 gehe ich auch in Schulen und erzähle den Schülern des 10. und 11. Jahrgangs über meine schwere Lebererkrankung und meine zwei Leberrtransplantationen. Auch kläre über das Thema Organspende auf. Ich finde, dass es sehr wichtig ist, denn ohne wäre ich nicht mehr am leben.

SWR HD
AKTUELL

8. Wichtige Informationen und Fotos

Man muss immer darauf achten, dass die Immunsuppressiva pünktlich genommen werden. Sie müssen im Abstand von zwölf Stunden eingenommen werden. Ich nehme sie z.B. um 09:00 Uhr morgens und um 21:00 Uhr abends. Auch muss man aufpassen, dass man sich nirgends mit Keimen (z.B. durch Husten, Niesen) ansteckt. Hygiene an sich spielt eine große Rolle. In der Wohnung, im Auto und unterwegs. Ständiges Händewaschen ist ein Muss. Am besten Bus- und Bahnfahren meiden, da man dort sehr vielen Menschen ausgesetzt ist. Dies gilt auch für größere Veranstaltungen. Wenn es nicht anders geht, dann mit Mundschutz und Handschuhen dorthin gehen bzw. eine geschützte Ecke suchen. Man sollte sich auch viel bewegen, am besten an der frischen Luft täglich spazieren gehen und Sport treiben (z.B. Fahrrad fahren, Gerätetraining, Walking). Ganz wichtig ist auch, sich vor der Sonne zu schützen, da man sonst Hautkrebs bekommen kann. Immer die Haut gut mit Sonnenschutzcreme 50 einreiben und den Körper und Kopf schützen, indem man einen Hut, lange Kleidung und ggfs. auch einen Sonnenschirm trägt. Auch muss man seine Augen mit einer Sonnenbrille schützen.

Monika, Elaine und ich an meinem 49. Geburtstag

Ich konnte wieder mit John einen Schneemann bauen

Im Sommer 2017
mit Heike ganz nach obenauf dem Baumwipfel-Pfad
an der Saarschleife

Erstes Jahrestreffen Rosi und Hilde aus der Reha am 16.09.2017 in Fulda

Mein 1. Großer Ausflug
mit meiner Familie zum Opel Zoo im April 2017

Familienausflug im Sommer 2018
zur längsten Hängeseilbrücke Deutschlands

Meine vier Kinder Vanessa, Jason, Jessica & John

Meine vier wunderbaren Geschwister
Roland, Monika, Christiane, Heidi und ich

In Erinnerung

an meine lieben Eltern
Herbert und Helga Peters, geb. Herzog

und an meine liebe mütterliche Freundin Charlotte Dada

9. Meine guten Ärzte, die mein Leben retteten

Mein guter Transplanteur
von meiner 1. Lebertransplantation am 28.08.2016

PD. Dr. med. Stefan Heinrich
Funktionen: Hepato-pankreatiko-biläre Chirurgie, minimalinvasive Chirurgie, onkologische Chirurgie

Qualifikationen: Chirurg, HPB-Chirurg (EBSQ)

Mein guter Transplanteur
von meiner 2. Lebertransplantation am 30.08.2016

Dr. med. Jens Mittler
Funktionen: HPB, onkologische Chirurgie, Transplantationschirurgie (Leber, Pankreas, Niere), Niere-Lebendspende

Qualifikationen: Facharzt für Chirurgie, allgemeine Viszeralchirurgie, Transplantationschirurgie (ASTS)

Meine gute Therapeutin

Dr. med. Getrud Greif-Higer
Funktionen: Geschäftsführende Ärztin des Ethikkomitees

Qualifikationen: M.A. (Angewandte Ethik), FA für Innere Medizin u. Rheumatologie
FA für psychosomatische Medizin und Psychotherapie

10. Ansprechpartnerin von Lebertransplantierte Deutschland e.V. für Mainz und Wiesbaden

Im Januar 2019 begann ich meine ehrenamtliche Tätigkeit als Ansprechpartnerin von Lebertransplantierte Deutschland e.V. für Mainz und Wiesbaden und habe mit einer anderen Betroffenen eine Kontaktgruppe in der Uniklinik Mainz gegründet.

Zu den Treffen können Wartepatienten, Lebertransplantierte, Leberkranke und deren Angehörige kommen. Das Gute daran ist, dass das Kontaktgruppentreffen in der Uniklinik Mainz stattfindet, sodass auch Patienten, die stationär liegen zu uns gebracht werden können. Bei unseren Treffen, in einer lockeren und angenehmen Atmosphäre und bei Kaffee und Kuchen, kann man sich kennenlernen, im Gespräch austauschen, von unseren gegenseitigen Erfahrungen erzählen und füreinander eine Stütze sein. Zu unseren Treffen laden wir auch Ärzte und Referenten ein, die über interessante Themen informieren.

Darüber hinaus gehe ich Betroffene im Krankenhaus besuchen und gebe jedem als Geschenk verpackt, die wichtigsten Flyer unseres Vereins mit Informationen für Lebertransplantierte inklusive Transplantationsausweis und dem Flyer „Wie kann ich Danke sagen“. Über all die Informationen freuen sich die Patienten sehr.

Wenn Betroffene Fragen rund um ihre Krankheit haben, können sie mich jederzeit kontaktieren. Meine Kontaktdaten stehen in unserem Flyer, auf der Webseite von Lebertransplantation Deutschland e.V., auf der Webseite des Universitäres Centrum für Tumorerkrankungen Mainz

(UCT Mainz) und beim Viszeralonkologisches Tumorzentrum von Mainz.

Ich informiere die Betroffenen, die in unserer Kontaktgruppe sind, über Neuigkeiten, bezüglich Corona, Impfung und angebotenen Patienten-Seminaren (vor Ort oder Online) und lade sie zu den Kontaktgruppentreffen ein.

Als Ansprechpartnerin nehme ich an Patienten- und Gesundheitstagen mit einem Infotisch teil. Hier informiere ich über die Zeit vor, während und nach der Lebertransplantation sowie über Organspende.

Es kommt auch vor, dass ich Patienten, die im Sterben liegen begleite. In dieser schweren Zeit unterstütze ich auch die Angehörigen. Ich versuche die Betroffenen oder Angehörigen, wenn sie Ängste haben, zu beruhigen und gebe ihnen Rat und Unterstützung. Sie brauchen einfach jemanden, der ihnen zuhört und für sie da ist.

Um auf das Thema Organspende und Transplantation aufmerksam zu machen gehe ich auch in Schulen und informiere dort zusammen mit Ansprechpartnern vom Verein „Junge Helden“, der LZG (Landeszentrale für Gesundheitsförderung RLP) und der DSO (Deutsche Stiftung für Organtransplantation). Manchmal sind auch noch andere Organempfänger (Herz, Niere oder Lunge) und Angehörige von Organspendern anwesend und erzählen Ihre Geschichte. Die Schüler sind immer sehr ergriffen und haben sehr viele Fragen zu den Themen.

Unser Kontaktgruppenflyer

Mein Patientengeschenk

Der Flyer „Danke“

Die einzelnen Informationsflyer von meinem Patientengeschenk

11. Mitglied bei TRANSDIA
(Sportverein für Transplantierte und Dialysepatienten)

Seit 2019 bin ich Mitglied bei TRANSDIA e.V. (Sportverein für Transplantierte und Dialysepatienten).

Da ich ein Vorbild für andere Transplantierte und auf das Thema Transplantation und Organspende aufmerksam machen möchte, nehme ich auch an Sportveranstaltungen teil und motiviere dadurch andere Betroffene sich durch sportliche Betätigung fit zu halten. Bei den Meisterschaften kann jeder Betroffene mitmachen (Anfänger oder auch Leistungssportler). Das Wichtigste ist, dass man sich als Transplantierte oder Dialyseempfänger bewegt, da dies der Wiedergewinnung und Erhaltung ihrer Gesundheit fördert.

Mit folgenden Disziplinen kann teilgenommen werden: Minimarathon, Dart, Schwimmen, Tennis, Tischtennis, Badminton, Pétanque, Kegeln, Leichtathletik und Radfahren. Transplantierte und Dialysepatienten werden separat bewertet. Ebenso werden die Teilnehmer dem Alter entsprechend bewertet. Es gibt Gold, Silber und Bronze Medaillen für die Altersklassen 18-29, 30-39, 40-49 usw.

Ich habe bereits bei Radfahren, Tischtennis, Kegeln, Kugelstoßen, Ballweitwurf, Walken und Pétanque mitgemacht. Der Sport macht mir sehr viel Spaß und gibt mir die Möglichkeit andere Transplantierte zu treffen und mich auszutauschen.

Neben den jährlichen Deutschen Meisterschaften gibt es auch Winter-, Europa- und Weltmeisterschaften. Im August 2025 werden die Weltmeisterschaften in Deutschland (Dresden) stattfinden. Das wird ein besonderes Erlebnis und ich werde auf jeden Fall dabei sein!

WORLD TRANSPLANT GAMES
DRESDEN 2025 // GERMANY

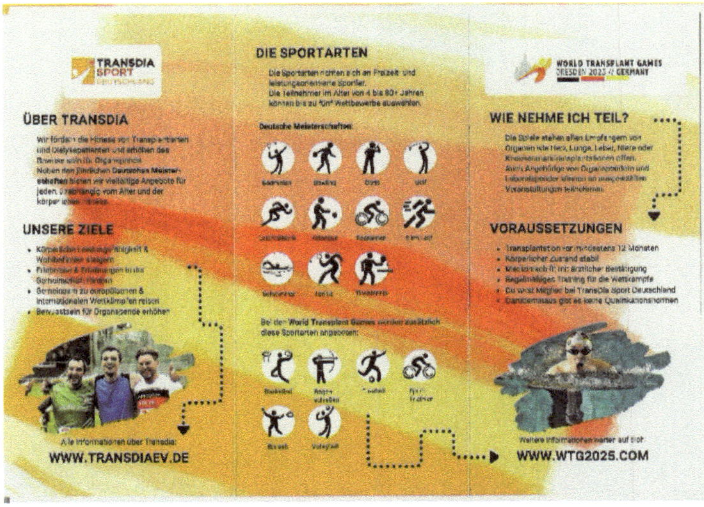

Bei den 40. Deutschen Meisterschaften von TRANSDIA 2019 habe ich den
1. Platz beim Radrennen und den
2. Platz beim Tischtennis erreicht

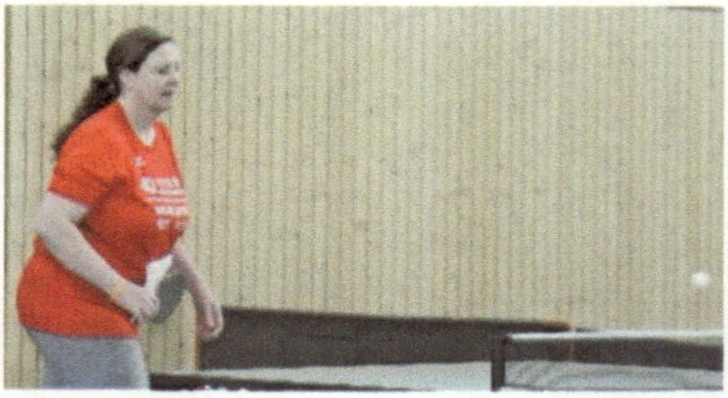

beim Kegeln

Beim Kugelstoßen

Beim Ballweitwurf

Beim Petanque

Beim Walken

Meine Medaillen von 2022

12. Mitarbeit beim UCT (Universitäre Centrum für Tumorerkrankungen Mainz)

Als Ansprechpartnerin von Lebertransplantierte Deutschland e.V. engagiere ich mich auch beim UCT (Universitäre Centrum für Tumorerkrankungen Mainz) und nehme an deren Selbsthilfegruppentreffen teil. Ich stehe mit meinen Kontaktdaten in deren Selbsthilfegruppenflyer und entscheide zusammen mit anderen Selbsthilfegruppen über verschiedene Projekte, die für krebskranke Patienten angeboten werden. Auch hier informiere ich bei Patiententagen für krebserkrankte Menschen, über Transplantation und Organspende.

Seit 2022 bin ich zudem Patientenvertreterin für Krebspatienten/innen des UCT Mainz.

Hier bin ich mit meinem Infotisch von Lebertransplantierte Deutschland e.V.

13. Botschafterin beim jährlichen Organspendelauf

Beim jährlichen weltweiten Organspendelauf bin ich seit 2019 Botschafterin.

Jedes Jahr wird mit dem Laufshirt auf ein anderes Organ, das gespendet werden kann, aufmerksam gemacht. Der Organspendelauf findet als Präsenzlauf jedes Jahr in einer anderen Stadt statt. Zusätzlich besteht die Möglichkeit, über eine App virtuell am Organspendelauf teilzunehmen. Hier haben die Teilnehmer die Möglichkeit zu einer selbst gewählten Zeit, innerhalb einer Woche ab dem Präsenzlauf, auf einer selbst ausgesuchten Strecke (2,5 km, 5 km oder 10 km) zu laufen oder zu walken. Die App registriert die gelaufene Distanz und teilt mit, wenn das Ziel erreicht ist. Auf Basis dieser Daten gibt es dann auch eine Ergebnisliste und Urkunden für alle Teilnehmer. Wer virtuell mitläuft, hat auch die Möglichkeit seine Startnummer individuell zu gestalten. Ich habe auf meiner meinen Namen geschrieben und dass ich Dank zwei Organspenden leben darf.

Das Thema Organspende ist sehr wichtig für mich, denn ohne Organspende wäre ich jetzt nicht mehr am Leben. Ich mache als Botschafterin überall auf den Sozialen Medien sowie in Präsenz bei meinem 5 km Walk darauf aufmerksam.

2019

2020
Laufshirt Organspende

2021
Laufshirt mit Niere

2022
Laufshirt mit Leber

2023
Laufshirt mit Herz

2024
Laufshirt mit Lunge

Meine persönliche virtuelle Startnummer

14. Aufklärungsarbeit Organspende

Selbsthilfemeile beim Rheinland-Pfalz Tag 2022
mit der Ministerpräsidentin Frau Malu Dreyer

Tag der Organspende 2023 in Düsseldorf
mit dem Gesundheitsminister Herrn Karl Lauterbach
(hier war ich sieben Jahre lebertransplantiert)

15. Mitarbeit bei der LZG (Landeszentrale für Gesundheitsförderung in Rheinland-Pfalz e.V.)

Seit 2019 arbeite ich als Betroffene Lebertransplantierte auch bei der LZG (Landeszentrale für Gesundheitsförderung in Rheinland-Pfalz e.V.) mit.

Die LZG informiert u.a. in Schulen, Gesundheitstagen und Veranstaltungen über das Thema Organspende.

Ich gehe zusammen mit einem Mitarbeiter/in der DSO (Deutsche Stiftung für Organtransplantation) oder einem Transplantationsbeauftragten zu Schulen in Rheinland-Pfalz und erzähle den Schülern, ab der 10. Klasse, meine Geschichte und informiere zusammen mit dem Mitarbeiter der DSO über Organspende. Die Schüler sind immer sehr interessiert und am Ende der Stunde nehmen sich alle einen Organspendeausweis und Infomaterial mit nach Hause (siehe Anhang). Auch beim Mainzer Firmenlauf unterstütze ich die LZG als Betroffene und mache bei meinem Lauf Werbung für die Organspende.

Hier bin ich beim Firmenlauf von Mainz 2023 zusammen mit der LZG Mainz

16. Mitarbeit beim Diatra-Verlag gGmbH

(Dia = **Dialyse**/**Diabetes**, tra = **Transplantation**)
ist eine medizinische Fachzeitschrift

Als Ansprechpartnerin von Lebertransplantierte Deutschland e.V. engagiere ich mich auch beim Diatra-Verlag zusammen mit anderen Selbsthilfegruppenvertretern. Ich stehe mit unserer Kontaktgruppe auf deren Selbsthilfegruppenseite, nehme an deren Meetings teil und setze mich zusammen mit Selbsthilfegruppenvertreter und Ärzten für die Organspende und die Widerspruchslösung ein.

17. Mitarbeit bei der Initiative Organspende in Hessen (IOH)

Auch hier engagiere ich mich als Ansprechpartnerin von Lebertransplantierte Deutschland e.V..

Bei den Meetings in Präsenz oder Online sind nicht nur Vertreter von Selbsthilfegruppen vor Ort, sondern auch von der DSO (Deutsche Stiftung für Organtransplantation), BDO (Bund deutscher Organtransplantierter), Junge Helden, Spenderfamilien, Gesundheitsamt, verschiedenen Versicherungen, Aufklärung Organspende, Krankenhäusern, Pflegepersonal, Hessisches Ministerium sowie Ärzte.

Wir setzen uns auf verschiedenen Wegen für die Organspende in Hessen ein.

Allgemeine Zeitung

Donnerstag, 7. Juni 2018

Leber verzweifelt gesucht

ORGANSPENDE Mutter von vier Kindern berichtet IGS-Schülern von rettender Transplantation in letzter Sekunde

INGELHEIM *- Es ist mucksmäuschenstill in der Bibliothek der Integrierten Gesamtschule (IGS) Kurt Schumacher. Rund 120 Schüler lauschen den Worten von Elke Aryeequaye. Die Stimmung ist gedrückt. Die 49-jährige Mutter von vier Kindern erzählt von zwei Lebertransplantationen, die ihr das Leben gerettet haben. „Ich lag im Sterben", sagt Aryeequaye. Ihre Stimme bebt, als sie an die Verabschiedung von ihren Kindern vor der ersten Operation zurückdenkt. Für die jungen Zuhörer ist es ein ergreifender Moment. Ihr abschließender Appell ist eindringlich: „Bitte nehmt euch einen Organspendeausweis. Ihr könnt Leben damit retten."*

2015 wurde bei der vierfachen Mutter eine Leberzirrhose diagnostiziert. Wenige Monate später war klar, dass nur noch eine Transplantation das Leben von Elke Aryeequaye retten kann. Ihr Körper stieß die erste Spenderleber ab, erst die zweite Transplantation war erfolgreich. Eine Rettung in letzter Sekunde. Heute kann sie wieder ein weitgehend normales Leben führen – und ist glücklich, ihre Kinder wieder in die Arme schließen zu können. Im Rahmen einer landesweiten Schultour, durchgeführt von der Initiative Organspende Rheinland-Pfalz, erzählt sie ihre Geschichte. Die Ingelheimer IGS ist die erste Station von insgesamt 18 Schulen. Gemeinsam mit ihren Kooperationspartnern Junge Helden und Deutsche Stiftung Organtransplantation (DSO) informiert die Initiative mehr als 1500 junge Menschen.

Zahl der Spender erreicht historisches Tief

Ins Leben gerufen wurde die Schultour aufgrund der rückläufigen Zahlen der Organspenden. Hintergrund: 2017 gab es so wenig Organspender wie noch nie. Laut DSO gab es nur noch 797 Spender – und damit noch einmal 60 weniger als im Vorjahr. Im europäischen Vergleich haben nur Griechenland, Rumänien, Bulgarien und Albanien noch weniger Spender. Während in Deutschland ein historisches Tief erreicht ist, blieb die Zahl in Rheinland-Pfalz auf dem Stand des Vorjahres. Den 137 gespendeten Organen stehen etwa 440 Kranke auf der Warteliste gegenüber.

Thema nicht im Lehrplan enthalten

Um diesen Trend zu stoppen, setzte die Initiative unter anderem auf die Information der Bevölkerung. „Gerade junge Menschen sind an der Auseinandersetzung mit dem Thema Organspende sehr interessiert", wird Gesundheitsministerin Sabine Bätzing-Lichtenthäler in einer Pressemitteilung der Veranstalter zitiert. Für die IGS Kurt Schumacher war die Anfrage ein willkommenes Angebot, berichtet Anke Eisermann. „Im Lehrplan wird das Thema nicht aufgegriffen", erklärte die Stufenleiterin der Klassen neun und zehn. „Ich glaube, dass die Schüler den Vorträgen aufgeschlossen gegenüber standen." Im Unterricht werde die Thematik noch einmal aufgegriffen.
Bei den überwiegend 16-jährigen Schülern hat die Veranstaltung einen bleibenden Eindruck hinterlassen. Neben dem rund halbstündigen Informationsfilm hat insbesondere die emotionale Erzählung von Elke Aryeequaye zum Nachdenken angeregt. „Eine Bekannte von mir war schon betroffen und hat eine Leber transplantiert bekommen", sagte eine Schülerin der zehnten Klasse. Zwar habe sie mit ihrer Mutter bereits über Organspenden gesprochen, „wirklich beschäftigt hatte

ich mich mit dem Thema aber nicht." Das habe sich nun geändert.

Ähnlich ergeht es ihrer Freundin Julia: „Ich habe mir im Internet mal ein Video angeschaut. Die Veranstaltung gibt einem zu denken." Mitschüler Tim denkt sogar bereits weiter: „Ich denke, dass ich mir einen Organspendeausweis zulege."

www.organspende-info.de

ORGANSPENDEAUSWEIS

- Die **Initiative Organspende Rheinland-Pfalz** will Schüler motivieren, einen Organspendeausweis auszufüllen.
- Laut DSO hat nur **jeder dritte Deutsche** seine Entscheidung für oder gegen eine Organspende in einem Organspendeausweis dokumentiert.
- Voraussetzung für eine Organspende ist der unumkehrbare Hirnfunktionsausfall, der sogenannte **Hirntod**.
- Ohne Dokumentation müssen die **Hinterbliebenen** entscheiden, ob die Organe freigegeben werden oder nicht.

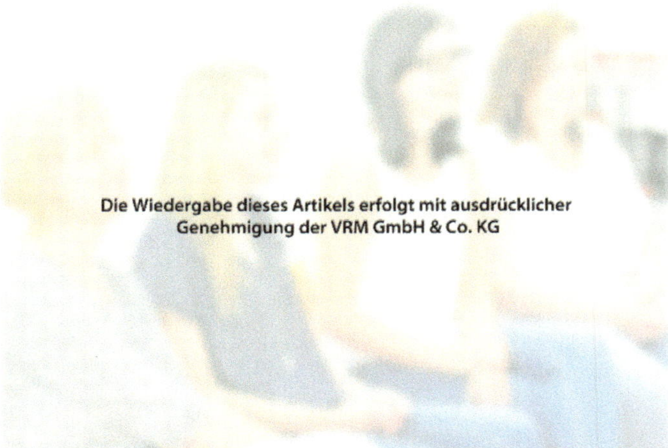

Werben im Rahmen einer landesweiten Schultour für den Organspendeausweis (v. l.): Monika Seibel (Initiative Organspende Rheinland-Pfalz), Lorena von Gordon (Lungentransplantierte), Sarah Noack (Deutsche Stiftung Organtransplantation) und Elke Aryeequaye (Lebertransplantierte). Foto: Thomas Schmidt

WIESBADENER KURIER
Samstag, 20. Oktober 2018

Die Chance auf ein Leben

Die Wiesbadenerin Elke Aryeequaye hat ein Buch über die Lebertransplantation geschrieben, die sie rettete

Von Eva Bender

WIESBADEN. Bevor die Transplantation beginnt, nimmt Elke Aryeequaye von ihrem Mann und jedem ihrer vier Kinder einzeln Abschied. Der Jüngste ist erst elf Jahre alt. „Ich habe jedem von ihnen noch etwas Liebes gesagt und mit auf den Weg gegeben." Für den Fall, dass sie sie selbst auf diesem Weg nicht mehr begleiten kann. „Das war der schlimmste Moment", sagt sie heute. Zwei schwierige Jahre liegen seit dieser Operation hinter der 50-jährigen Wiesbadenerin. Eine Zeit, die sie nun in einem Buch verarbeitet hat.

Die Nachricht kam am 17. Geburtstag ihres ältesten Sohnes, im August 2016. Die Familie hatte sich bei Elke Aryeequaye in der Klinik versammelt, als eine Pflegekraft verkündete: „Wir haben eine Spenderleber für Sie." Seit dem Frühjahr lag die Wiesbadenerin nun fast ununterbrochen in der Mainzer Uniklinik. Hatte zugesehen, wie ihr Körper abbaute, Wasser im Gewebe einlagerte, und wie ihre Haut eine immer gelbere Farbe annahm, während sie auf die neue Leber wartete.

Im August 2016 liegt die vierfache Mutter im Sterben

Was mit ihrer Leber geschah, das wusste Elke Aryeequaye viele Jahre nicht genau. Schon als junge Frau hatte sie erhöhte Leberwerte. Und dieser Befund bestätigte sich mit jedem neuen Blutbild. „Doch die Ärzte sagten mir immer wieder, das sei noch kein Grund zur Sorge", so die Wiesbadenerin. Beschwerden hatte sie zunächst keine, ging in ihrem Beruf als Sachbearbeiterin und in der Betriebsratsarbeit auf und brachte ihre vier Kinder auf die Welt.

Erst 2013/14 nimmt Elke Aryeequaye die ersten Symptome ihrer Krankheit wahr. Sie nimmt an Gewicht zu, ist ständig müde, kommt morgens nicht mehr aus dem Bett. Später kommen Krämpfe hinzu – in den Beinen, Füßen und Händen. Sie kann kaum noch die Zahnbürste halten, kein Auto mehr fahren und schließlich nicht mehr arbeiten. Eine Ultraschall- und eine Gewebeuntersuchung liefern schließlich die Erklärung für ihren Zustand: Elke Aryeequaye hat eine Leberzirrhose, eine chronische Entzündung, die das Organ unwiederbringlich schädigt. Ausgelöst wurde sie durch eine Autoimmunerkrankung.

Als Elke Aryeequaye im Frühjahr 2016 in der Mainzer Uniklinik liegt, sprechen die Ärzte erstmals über Transplantation. Am 28. August wird das Spenderorgan transplantiert – und arbeitet nicht. Für die vierfache Mutter beginnt nun ein Wettlauf gegen die Zeit, „denn die Aufgaben der Leber kann kein Gerät übernehmen. Ohne das Organ überlebt man nicht länger als zwei Tage. Ich lag also im Sterbeprozess".

Am zweiten Tag kann die Familie aufatmen: Es gibt ein weiteres Organ. Diesmal hat die OP Erfolg, die Spenderleber nimmt ihre Arbeit auf. „Aber ich war nach dem Hin und Her, dem Hoffen und Bangen, ein nervliches Wrack", so Aryeequaye. Heute, zwei Jahre nach der Transplantation, geht es ihr gesundheitlich gut. Weil Medikamente ihr Immunsystem unterdrücken, muss sie streng auf Hygiene achten. Und noch immer hat sie Albträume. Ihre Therapeutin rät ihr deshalb, das Erlebte aufzuschreiben.

Die 50-Jährige weiß nicht viel über ihre Spenderin

Am zweiten Jahrestag der erfolgreichen Operation, am 30. August 2018, wurde dieser Text als Buch veröffentlicht. Damit will Elke Aryeequaye anderen Betroffenen Mut machen, aber auch für die Organspende werben. „Die Zeit, in der ich auf ein Spenderorgan gewartet habe, war schrecklich", sagt sie. „Weil ich nicht wusste, ob ich die Chance auf ein Leben bekommen würde. Als die Nachricht dann kam, war das wie ein Wunder." Sie wünscht sich, dass sich mehr Menschen dafür entscheiden, im Falle ihres Todes die eigenen Organe zu spenden und damit ein anderes Leben zu verlängern.

Ihre eigene Organspenderin war erst 18 Jahre alt – das ist alles, was Elke Aryeequaye über sie wissen darf. „Zwei Jahre nach der Transplantation kann ich den Angehörigen einen Brief schreiben und werde das auch tun." Doch schon jetzt dankt sie den beiden Spendern auf ihre eigene Weise: mit dem finalen Satz in der Danksagung ihres Buches. Und mit der Kerze, die sie an den Jahrestagen in der Kapelle der Uniklinik anzündet.

Elke Aryeequaye will über das Thema Organspende aufklären und anderen Betroffenen helfen. Dafür hat sie nicht nur ihr Buch veröffentlicht und engagiert sich in der Selbsthilfegruppe für Lebertransplantierte, sondern spricht auch in Aufklärungsaktionen an Schulen. Foto: Jessica Aryeequaye

RECHTLICHER HINTERGRUND UND ORGANSPENDE

- In Deutschland gilt für Organ- und Gewebespenden derzeit die **Entscheidungslösung**. Das heißt, dass der Spender der Entnahme seiner Organe zu Lebzeiten zugestimmt haben muss. Über Informationen, die den Versicherten von den Krankenkassen zur Verfügung gestellt werden, sollen sie sich umfassend informieren und dann entscheiden.
- Doch während viele Patienten auf ein Spenderorgan warten, sinkt in Deutschland die Bereitschaft, die eigenen Organe nach dem Tod zu spenden. Geht es nach Bundesgesundheitsminister Jens Spahn (CDU), könnte deshalb in Deutschland eine **Widerspruchslösung** eingeführt werden, wie sie bereits in vielen anderen europäischen Staaten – darunter Frankreich, Italien und Spanien – gilt. Haben Bürger dieser Länder einer Organspende zu Lebzeiten nicht ausdrücklich widersprochen, können ihre Organe nach dem Tod transplantiert werden.
- Neben der Zustimmung gibt es noch eine Voraussetzung für die Entnahme von Organen: Beim Patienten muss ein unumkehrbarer Ausfall der gesamten Hirnfunktionen (**Hirntod**) vorliegen.
- Weitere Informationen gibt es zudem auf der **Internetseite www.organspende-info.de**, einem Angebot der Bundeszentrale für gesundheitliche Aufklärung. Hier können Bürger auch einen **Organspendeausweis** anfordern, um darauf ihre Zustimmung oder ihren Widerspruch zur Organspende zu dokumentieren. Die Ausweise gibt es inzwischen auch in vielen verschiedenen Sprachen.

Das Buch „Mein neues Leben" von Elke Aryeequaye ist in diesem Sommer im Rediroma-Verlag erschienen. Es umfasst 62 Seiten und kostet 12,95 Euro. Die ISBN-Nummer lautet 978-3-96103-434-5.

Allgemeine Zeitung
Montag, 24. Juni 2019

Entscheidung für das Leben

Betroffene erzählen bei „Schultour Organspende" am Sebastian-Münster-Gymnasium

Von Gerhard Wieseotte

Vorne von links die beiden Transplantierten Gerd Hunsinger und Elke Aryeequaye mit Christian Pelka, Angehöriger eines Organspenders. Foto: Thomas Schmidt

INGELHEIM. Derzeit informiert die Initiative Organspende Rheinland-Pfalz gemeinsam mit ihren Kooperationspartnern „Junge Helden" und Deutsche Stiftung Organtransplantation mehr als 1400 Schüler an zehn weiterführenden und berufsbildenden Schulen im Land über die Möglichkeiten und Voraussetzungen einer Organspende. Nun machte die „Schultour Organspende" Halt am Sebastian-Münster-Gymnasium (SMG).

Betroffene informierten Schüler und Schülerinnen der 12. Jahrgangsstufe über ihre Erfahrungen. Gerd Hunsinger ist Empfänger einer Nierenspende. Seit 1999 war er acht Jahre lang an der Dialyse, einem Blutreinigungsverfahren, das bei Nierenversagen als Ersatzverfahren zum Einsatz kommt. Die Dialyse ist neben der Nierentransplantation die wichtigste Nierenersatztherapie bei chronischem Nierenversagen und eine der Behandlungsmöglichkeiten bei akutem Nierenversagen. Acht Jahre lang wartete Hunsinger auf eine Spenderniere. 2007 wurde ihm dann eine Niere transplantiert. Wie lange die Ersatzniere funktionieren wird, weiß Hunsinger nicht: „Jedes Organ hat eine Halbwertzeit. Bei Nieren liegt sie derzeit bei zwölf bis 15 Jahren". Hunsinger würde sich jederzeit wieder für eine Transplantation entscheiden: „Die Lebensqualität ist schon unvergleichlich höher als bei der Dialyse", sagt er.

„Bei mir fing alles an mit einer Autoimmunerkrankung im Alter von 20 Jahren. 30 Jahre später kam die Diagnose Leberzirrhose", erzählte Elke Aryeequaye. Sie bekam Krämpfe, Schwindel, konnte kaum noch laufen, saß am Schluss im Rollstuhl. Die Nieren funktionierten nicht mehr, sie musste an die Dialyse. „Ich dachte, das überlebe ich nicht". Am Geburtstag ihres ältesten Sohnes kam dann die Nachricht, dass ein Organ für sie zur Verfügung stand. Doch dann arbeitete die transplantierte Leber nicht, der Körper stieß sie ab. Innerhalb von zwei Tagen bekam Aryeequaye eine andere Leber eingesetzt. Diesmal ging alles gut: „Mir geht es prima, das Leben macht mir Spaß, ich treibe Sport. Ich bin glücklich, dass es die Möglichkeit zu einer Organspende gibt". Aryeequaye appellierte an die Jugendlichen, den Organspenderausweis auszufüllen. Ab einem Alter von 16 Jahren können sie ihre Bereitschaft zur Organspende in einem solchen Ausweis dokumentieren.

In anderer Weise wurde Christian Pelka mit dem Thema Organspende konfrontiert. Sein Sohn starb im Alter von sechs Jahren nach einer Mandeloperation. Die Eltern willigten in die Organspende beider Nieren und der Leber ein. „Wir stehen auch elf Jahre später noch zu der Entscheidung. Unser Sohn hätte genau o gehandelt", betonte Pelka. Sie als Eltern seien nie zu einer positiven Entscheidung pro Organspende gedrängt worden, antwortete Christian Pelka auf Nachfrage eines Schülers. Erwachsene, so Pelka, sollten sich frühzeitig entscheiden, um die Angehörigen zu entlasten. Von dem Organspendenempfänger bekamen die Pelkas einen berührenden anonymen Brief, in dem er sich bedankte. Auch Gerd Hunsinger hat sich bei den Angehörigen seines Organspenders bedankt.

Instagram

vinzentius_landau_schule

Gefällt 26 Mal

vinzentius_landau_schule Die Azubi's vom Kurs 20-23 hatten heute Besuch von
Fr. ELKE ARYEEQUAYE !!!!
Sie erzählte ihre ergreifende und berührende Geschichte über Ihre Lebertransplantation.
Vielen herzlichen Dank an Fr. ARYEEQUAYE für ihre Offenheit und ihren wertvollen Beitrag.